AUX ÉLECTEURS DE L'ANNÉE 1869

# EN AVANT !

PAR

## GUSTAVE MATHEVON

PRÊTRE

---

SE VEND

CHEZ TOUS LES PRINCIPAUX LIBRAIRES DE FRANCE

M. DCCC. LXIX

# EN AVANT !

AGEN — IMPRIMERIE DE P. NOUBEL

AUX ÉLECTEURS DE L'ANNÉE 1869

# EN AVANT !

PAR

## GUSTAVE MATHEVON

PRÊTRE

SE VEND

CHEZ TOUS LES PRINCIPAUX LIBRAIRES DE FRANCE

—

1869

Au moment où la France entière va être conviée, sous la sauvegarde du suffrage universel, à choisir les représentants de sa vie politique, la pensée m'est venue de lui jeter un cri de ralliement, qui fasse disparaître toutes les nuances de parti et toutes les passions aveugles; ce cri de ralliement, le voici : En avant, ô France, et si tu veux marcher en avant, que tes Représentants soient chrétiens, selon la véritable acception de ce mot!

Un Représentant chrétien est un homme qui couronne, en son âme, l'honnêteté, la science et l'expérience par le sens pratique du progrès, tel que Dieu le veut.

Depuis trop longtemps, le christianisme est méconnu par les libres penseurs, qui le déclarent incompatible avec les libertés et les progrès modernes. Depuis trop longtemps, le christianisme est compromis par les disputes passionnées des ultramontains et des gallicans. Il importe de le révéler aux uns tel qu'il est, et de le soustraire aux blessures maladroites que les autres lui font.

Le christianisme n'est autre chose que la vraie religion destinée à rallier tous les mondes à Dieu, et s'il prend le nom de catholicisme, c'est à cause de cette universalité aussi réelle que prophétique.

Dépouillé des intrigues de l'ambition, des étroitesses de clocher, délivré des vues mesquines et personnelles, il reste ce qu'il est : la source de l'affranchissement universel de toutes les créatures par le progrès.

Sans descendre dans l'arène des partis, sans toucher à aucune question de détail, je sors aujourd'hui du repos et de l'obscurité pour établir cette vérité aux yeux de tous, en philosophe chrétien convaincu. Je n'ai d'autre ambassadeur pour me présenter à mon pays que le désir de lui être utile ; je n'ai d'autre égide, pour abriter mon audace, que la sincérité de ma bonne foi et de mon dévouement. Mais il suffit : la France est par excellence la terre de l'honneur; tout homme qui lui parle selon sa conscience est sûr d'être accueilli.

En dehors du christianisme tel qu'il est et tel que je viens de le considérer, il peut y avoir, pour l'individu et pour les peuples, progrès partiel et momentané; il ne peut pas y avoir progrès total et impérissable.

# I

Et d'abord, qu'est-ce donc que le progrès, non point étudié dans la multiplicité des moyens qui y concourent, mais entendu, en lui-même, dans son acception générale, comme développement régulier et complet des êtres tirés par leur Créateur du néant?

Je définis le progrès : *Le mouvement en avant et ordonné de la vie.*

Je dis le mouvement de la vie ; car les êtres qui vivent peuvent seuls se mouvoir et avancer par eux-mêmes. Les autres êtres reçoivent l'impulsion, mais ne se la donnent point.

Ce mouvement ne doit pas se produire dans un sens quelconque. En effet, l'affût du canon, sous l'action du salpêtre qui éclate, est mis en mouvement ; personne ne dira qu'il avance, tout le monde sait au contraire qu'il recule. Pour qu'il y ait progrès, il faut, ainsi que l'étymologie latine de ce

mot l'indique, que le mouvement, au lieu de se porter en ar-
rière, s'accomplisse en avant. En avant ! quelle parole pour
ceux qui savent comprendre ! En avant ! non pas de l'esprit
à la matière, de la force à la faiblesse, de l'amour à l'égoïsme,
de la lumière aux ténèbres, de Dieu à la créature ; mais, en
avant ! de la matière à l'esprit, de l'infirmité à l'énergie
toute-puissante, de la cupidité à l'amour qui s'oublie et se
donne, de l'obscurité de l'ignorance aux clartés de la science,
de l'homme à Dieu.

Le progrès est plus encore : c'est le mouvement en avant
de la vie, mais le mouvement ordonné. En d'autres termes,
il faut au progrès une loi qui le régisse, sous peine pour lui
de n'exister pas : Lorsque la machine à vapeur échappe tout-
à-coup aux freins qui la retenaient captive en dépit de ses
frémissements impatients, elle part, elle s'élance, elle vole,
rasant comme l'alcyon rase l'onde, les rails de fer qu'elle
effleure à peine ; elle se précipite, coursier aux flancs de
flamme, aux naseaux fumants, aux muscles bondissants ; tout
fuit sur son passage, parce qu'elle dépasse tout dans sa
course furibonde. C'est bien là, certes, le mouvement en
avant. Est-ce déjà le progrès ? Non, et vous allez en juger :
Que le mécanicien chargé de la conduire oublie un seul instant une seule des lois qui doivent gouverner le fougueux
vélocipède ! Aussitôt, des chocs inattendus, suivis d'effroya-
bles grondements, heurtent pêle-mêle ses articulations brisées ; les chars, qu'il semblait tout à l'heure emporter dans

l'espace comme l'orage entraîne une plume, rebondissent les uns sur les autres ; leurs ressorts se disloquent ; le bois, le fer, l'acier, rien ne résiste ; tout est débris, tout est poussière, et des centaines de victimes ont à peine le temps de jeter entre la terre et le ciel le dernier râle d'une agonie instantanée. Sans la loi qui l'ordonne et le conduit, le mouvement en avant mène à la catastrophe et à la mort.

Laissez au contraire le mécanisme, rendu docile, tout à la discipline que sait lui infliger son conducteur habile et prudent. Il transporte alors avec sécurité d'un pays à un autre les populations confiantes. Par lui, la ville descend à la campagne pour y retremper son existence meurtrie par d'austères labeurs et d'amers soucis. Par lui, la bourgade monte à la cité pour y verser le trop plein de ses richesses agricoles et l'embaumer de sa sérénité. Par lui, l'homme atteint l'homme non pour le dévorer, mais pour échanger avec lui, dans une fraternelle étreinte, la réciprocité de ses dons. Ce n'est plus la mort ; c'est la vie ardente et contenue qui s'épanche, rapide et féconde, à l'image de ces grands fleuves du nouveau monde, soulevant partout une vitalité latente, riche d'abondantes moissons. Le mouvement en avant a été ordonné ; le progrès s'est fait, du moins dans son sens le plus généralement considéré.

# II

Ce qu'il importe maintenant de connaître, c'est la loi du progrès, et comment cette loi ne se réalise pleinement que par le christianisme.

J'aborde, sans autre préambule, cette question considérable à tous les points de vue.

La loi du progrès a, selon moi, un nom bien connu, qui lui a été rarement appliqué : je l'appelle l'ascension.

Si je n'entendais par l'ascension que l'élévation de bas en haut, l'ascension ne serait alors qu'un cas particulier de tout mouvement, elle ne gouvernerait pas le progrès, elle ne serait pas sa loi. Aussi, ai-je hâte de définir l'ascension : *La translation d'un être dans une hiérarchie supérieure à sa hiérarchie native, avec le maintien de sa nature personnelle et des qualités de cette même nature.*

Je saisis, pour me faire mieux comprendre, un exemple

familier à tous parmi les phénomènes du monde physique :
Une pierre est enfouie dans les couches calcaires qui com-
posent l'organisation concentrique de l'humus de notre globe.
Cette pierre, si elle est extraite du rocher qui la contient pour
être jetée par la fronde au milieu des airs, n'est pas, selon
moi, en état d'ascension ; elle monte, il est vrai, un instant
vers les nues de par l'effort d'un bras puissant ; mais, bientôt, en vertu de la pesanteur et de l'attraction, elle retourne
au sol dont elle fait partie pour s'y incruster de nouveau,
inerte toujours, toujours minéral insensible. La pierre est
dite en état d'ascension, alors que sortant de la glèbe qui
l'enveloppe, sous l'action lente mais efficace des infiltrations
aqueuses, elle se mêle peu à peu à cette portion de notre
globe que la Sainte Ecriture a nommée excellemment la
graisse de la terre. La pierre reste essentiellement ce qu'elle
est, et cependant elle est ainsi transférée dans un milieu qui
l'amène aux fonctions d'une nouvelle hiérarchie d'êtres.

Au matin d'une de ces journées d'or que Dieu secoue du haut
du ciel dans notre printemps, le rude travailleur des champs
passe, sa veste sur une épaule, sur l'autre son hoyau ; il s'ar-
rête : un instinct providentiel lui a révélé le travail mysté-
rieux de la roche en fusion ; il se prend à aider ce travail de
la noble complicité de son bras vaillant ; il ouvre des ruis-
seaux qui achèveront tout-à-l'heure les irrigations bienfai-
santes ; puis, d'un œil aussi pénétrant que l'œil de l'aigle, il
va droit au caillou déjà transfiguré, et sa main, riche d'es-

pérance, y plonge ce rameau appelé sarment, d'où jaillira quelque jour la liqueur généreuse qui réjouit le cœur de l'homme, en réparant ses forces. La sève appelle à elle tous les sucs de la terre, tous les éléments nutritifs contenus dans le caillou brisé et détrempé. Ce dernier est ainsi associé à la végétation des pampres verdoyants. L'ascension pour lui s'est accomplie. Il reste minéral par sa nature ; il devient plante par sa transformation ascensionnelle.

Ce rapide aperçu suffit pour faire comprendre comment, en vertu de l'ascension, tout être est placé dans la voie qui le mène véritablement en avant, jusqu'à son apothéose relative.

# III

Avant d'examiner si cette loi qui se réalise à tous les étages de la création, existe surtout à cet étage où l'homme réside en souverain au centre du monde, il est indispensable d'expliquer dans son essence métaphysique ce que j'entends par la loi de l'ascension :

Un homme s'est rencontré, en plein moyen-âge, prince par le sang, aussi élevé par son génie que par ses vertus au-dessus de ses contemporains, mais surtout prince par la pensée. Cet homme, saint Thomas d'Aquin, nous a légué les grands principes sur lesquels est fondée la loi que j'analyse en ce moment. Tous les êtres, nous dit-il, ont été créés par Dieu, la sagesse infinie, de telle sorte que toujours le dernier être de la hiérarchie supérieure se trouve le premier être de la hiérarchie inférieure. Il ajoute que l'être inférieur ne peut progresser qu'à la condition de s'assimiler à l'être immédiatement supérieur, qui l'attire à lui pour le transformer sans l'absorber essentiellement. Ces deux formules ne sont en définitive que l'expression du bon sens le plus élémentaire ; et l'on s'étonnerait qu'elles aient passé pour une découverte, n'était que le bon sens fût si rare, sans doute parce qu'il confine au génie. Sur la seconde de ces deux formules éclairée par la première, j'appuie toute mon argumentation.

Je reviens à l'exemple que j'ai cité, à l'ascension de la pierre la plus obscure de par la germination de la vigne. Sous les pas mélancoliques des bœufs qui passent et repassent autour du cep, la sève fait bruire ses sourds accents, elle saisit le gravier devenu presque limon ; il se donne à elle, pour être par elle attiré à toutes les clartés et à toutes les chaleurs du jour. Ainsi, la pierre passe dans les veines de la vigne qui se tord au soleil comme une corne d'abondance, la pierre passe dans son feuillage qui se tresse en gracieuse couronne, la pierre passe jusque dans sa fleur, et l'on peut dire que du sein même de la grave, comme autrefois l'eau évoquée des entrailles du rocher par Moïse, s'échappent les flots généreux du vin révélé par Dieu à l'antique Noé. Le minéral, créature inférieure, s'est livré au végétal, créature immédiatement supérieure ; sa nature, en restant elle-même, est associée, par voie d'assimilation, à toutes les gloires d'une nature incomparablement plus digne et plus féconde. Si le minéral pouvait parler, il entonnerait un hymne d'ac-

tion de grâce en l'honneur de l'ascension qui vient de le glo-
rifier. L'homme supplée son impuissance, et charge la poé-
sie de lui donner sa voix. Il faut écouter, dans le silence de
la méditation, les cris d'enthousiasme de la matière que la
grande loi de l'ascension fait passer dans l'ordre de la vie à
sa première ébauche. La terre, aux flancs de nos collines,
se prend à tressaillir, lorsque de ses racines gigantesques, le
chêne, roi des monts, la caresse et l'attire à lui. On dirait
l'esclave ramassée par un empereur, alors qu'elle pressent le
trône qu'il a rêvé pour elle. La terre monte dans la liqueur
qui circule dans l'arbre altier ; avec elle, elle s'épanche dans
ses forts rameaux ; avec elle, elle palpite dans son feuillage.
O prétendus sectateurs de la sagesse contemporaine, vous
fouliez aux pieds, sans même y prendre garde, le sol qui vous
portait ; levez la tête, atteignez du regard, si vous le pou-
vez, le front du géant ; la terre est dans sa couronne ; elle
s'est élevée jusqu'à ce sublime sommet, et ce diadème vous
défie dans votre grandeur d'emprunt !

Pour moi, je ne m'étonne plus des grandes voix de nos
forêts, lorsque au soir leur chevelure s'émeut dans l'azur
transparent ! L'homme sans âme, qui ne comprend pas la
marche de la création vers son Auteur, n'entend alors que
des gémissements monotones ; tout au plus pressent-il un
orage qui passe ! Qu'il est à plaindre ! Je vous dis, moi, que ce
sont des cantiques, des chants de triomphe, toute une ode

sacro-sainte inaugurée par le règne minéralogique entrant dans les mystères de la vie végétative.

Tel est le progrès, à sa première étape, si je puis ainsi parler, et nous devons le suivre en des périodes de plus en plus dignes de notre admiration.

# IV

L'ascension gouverne le progrès réel de la vie végétative aussi bien que le progrès, en quelque sorte, métaphorique des minéraux, et la pousse vers la vie animale pour la convier au partage de ses superbes et frémissantes actions. Il est facile de s'en rendre compte par un phénomène aussi éloquent qu'il est familier.

Il nous est arrivé à tous de rencontrer, au milieu de terres chargées de leurs blés jaunissants, quelques touffes d'épis de seigle ou d'avoine ! Pauvres brins de céréales sans valeur ! Le moissonneur va les rejeter du revers de sa faucille ! Il ne leur reste plus qu'à s'incliner sur leur tige, à se dessécher et à mourir à jamais dédaignés ! Cependant espérons encore ! Un souffle du Ciel va peut-être passer sur eux ; car Dieu est le Dieu des germes, et s'il les développe, c'est après s'être incliné lui-même avec amour jusqu'à eux. Ce souffle les emportera vers des plaines ignorées et incultes. Ils se multiplieront jusqu'à devenir un champ immense. Un jour, sur ce champ bientôt fameux, une bataille sera livrée, et grâce à ce coup providentiel, des coursiers, couverts de sueur, de poussière et de sang, redresseront bientôt leurs têtes alanguies. Dans leurs artères les sucs d'un paturage inattendu auront pénétré pour y renouveler les sources de la vie. Les voilà de leurs pieds impatients heurtant de nouveau le sol qui étincelle, lançant la flamme par leur naseau, blanchissant le mors d'une ardente écume ; leurs cavaliers n'ont plus qu'à maîtriser leurs impétueux élans : Marchez, marchez, coursiers sublimes, portez vos maîtres au combat et à la victoire, et vous, petits brins d'herbe sans nom, volez avec eux au champ de l'honneur et de l'immortalité ! Les clairons vous saluent de leurs fanfares ; les épées, avant de rentrer au fourreau, s'inclinent devant vous ! Pour moi, je n'en suis pas surpris ; car, pour moi, vous êtes le progrès à sa seconde étape, et par vous, la vie végétative a pénétré, en vertu de son ascension, dans les priviléges déjà beaux de la vie animale.

# V

Est-il vrai maintenant que l'ascension régisse le progrès dans le monde des animaux ? Cela est vrai, et nous allons le constater en étudiant l'élévation de l'être instinctif jusqu'à l'homme intelligent et libre.

Je serai peut-être difficilement compris, car trop d'hommes dans ce siècle descendent jusqu'à la brute, au lieu de l'élever jusqu'à eux. On voit de nos jours, dans des écuries princières, des chevaux devant lesquels les intelligences et les cœurs de beaucoup sont non pas à genoux, mais aplatis. Est-ce, comme l'affirment les littérateurs humoristiques, un signe des temps ? Je l'ignore, mais je sais toutefois que c'est une trahison du plan du Créateur. Dieu a fait l'animal pour servir d'anneau entre le végétal et l'homme, et pour supprimer toute intersection dans

la chaîne ininterrompue de tous les êtres. L'animal doit
servir l'homme, l'homme ne doit pas être son valet. Son
ascension progressive l'appelle à s'unir aussi intimement
que possible à la race humaine. Nous avons vu la plante
attirer le minéral, et, sans l'anéantir, le rendre vivant
en elle; nous avons vu l'animal attirer la plante, et,
sans l'anéantir non plus, la rendre participante de sa vie.
Nous verrons l'homme reproduire ce même prodige vis-
à-vis de l'animal.

Le dernier des sauvages nous paraît faire un acte
barbare et sanguinaire, lorsque, sous sa hutte de chaume,
il dépèce la proie qu'il vient d'atteindre de sa flèche ou
de sa javeline. Il fait un acte magnifique ! Portée à ses
lèvres, cette chair en lambeaux devient le flot vivifiant qui
se répand dans les dernières fibres capillaires du réseau
artériel; elle fait battre un cœur d'homme, et dans ce
cœur palpiter une âme. Elle devient le tissu malléable
qui donne aux membres leur flexibilité. Elle s'agite dans
un cerveau d'homme, et fait qu'une âme a, par ce cerveau, la puissance de la commotion, la puissance de la
pensée et du gouvernement ! Que ne se passera-t-il pas,
dès lors, lorsqu'une chair identique sera servie sur une
table civilisée? Les hommes de génie viendront pour se
l'assimiler en réparant leurs forces, et par eux l'instinct
de l'animal, lampe naturellement fumeuse, sans clarté, de-

viendra, pour ainsi parler, la lumière éclatante du soleil de la vérité rationnelle. Les hommes vertueux viendront à leur tour pour lui demander de rajeunir leur énergie physique défaillante et de retremper indirectement leur énergie morale.

Ah ! si l'animal pouvait prendre une voix intelligible, lorsque l'homme l'égorge, non-seulement il ne gémirait pas, mais encore il rendrait grâce pour la transformation dont il semble avoir le pressentiment. Ainsi le martyr bénit la mort, parce qu'à coup sûr, elle doit le transporter en Dieu. Or, le Dieu de l'animal, c'est l'homme.

# VI

Nous voilà parvenus à la nature humaine, et il s'agit de savoir si cette nature a le droit de s'arrêter immobile, sans rien ambitionner de plus que de rester le terme suprême de la troisième étape de la loi du progrès.

Les libres penseurs déclarent que, tout venant aboutir à l'homme, l'homme n'a plus qu'à discipliner l'univers au profit de sa double vie matérielle et spirituelle, et à régner sur lui en maître absolu qui ne relève que de soi.

Les philosophes chrétiens, et je suis de ce nombre, soutiennent que, pas plus que les êtres inférieurs à lui, l'homme ne peut échapper à la loi du progrès, qui est l'ascension vers des sphères plus hautes et plus dignes.

Déjà les prétentions de la libre pensée, avant d'être une erreur doctrinale, sont une insulte à la dignité de notre race. Car, si notre unique destinée est de nous faire le rendez-vous de toute la création inférieure à l'aide des sciences physiques, industrielles, commerciales et économiques, il faut dire que, loin d'appartenir à la hiérarchie du progrès, nous n'avons pas d'autre gloire que d'admirer d'une façon dérisoire les progrès accomplis autour de nous ; il faut dire que le dix-neuvième siècle, dont la merveille est, entre autres, de conquérir de plus en plus le monde extérieur, est lui-même un siècle sans mouvement en avant, un siècle que l'histoire pourrait caractériser de cette flétrissante épithète : Le siècle borne.

Non, mille fois non, il n'en va pas ainsi !. C'est un progrès certain, éloquemment résumé par nos grandes expositions, que l'avénement de notre siècle à l'empire du globe de plus en plus étendu. Nous sommes de ceux qui pensent que l'homme, éclairé par la lumière surnaturelle et aidé par la grâce, doit revenir, par droit de conquête, à l'état de souverain pacifique et obéi, qui lui était départi par droit de naissance. Ce progrès néanmoins est un progrès relatif. Du reste, ce progrès est impossible à l'homme laissé à lui-même.

Comment, en effet, soulever les mondes jusqu'à soi, sans redescendre avec eux, si on néglige de monter soi-même incessamment. Pour un être progressif, ne pas monter c'est descendre ; et c'est là que la philosophie chrétienne a beau jeu pour convaincre d'erreur la libre pensée. Si l'homme ne veut pas à son tour se livrer à l'être qui lui est supérieur, c'est-à-dire à Dieu, pour entrer, suivant l'ascension loi du progrès, en jouissance des prérogatives de la vie divine, il s'en va de chute en chute, jusqu'au fond de l'abîme de la déchéance, fraterniser avec le monolithe. C'est de l'histoire contemporaine, et il suffit de ne pas se frapper de cécité volontaire, pour en convenir.

Que deviennent les sociétés humaines, qui se croient le point de départ et le point de retour de toutes les autres créatures? On les voit, pendant quelque temps, vivre encore de la vie intellectuelle et de la vie cordiale. La foudre, l'électricité, la vapeur, les courants fluides et atmosphériques, toutes les forces actives du monde physique sont par elles disciplinées. Elles découvrent des univers dans l'infiniment petit à l'aide du microscope, qui leur montre des populations flottantes dans une goutte d'eau. Elles scrutent les mystères de l'infiniment grand à l'aide du téléscope, qui leur laisse entrevoir des milliers d'astres amoncelés au-dessus de leur tête. Leur philanthropie étend chaque jour ses bras miséricordieux, et elles organisent avec précision cette vaste machine de compassion légale : la bienfaisance publique. Leurs passions restent à leurs pieds des monstres domptés, docilement asservis à leur moindre volonté. Mais bientôt ces sociétés se courbent elles-mêmes sous ces monstres. Esclaves de leurs appétits sans cesse renaissants, elles trafiquent de leurs jours et de leurs nuits, en des festins interminables et des débauches raffinées, dont la société romaine, aux derniers jours de sa décadence, eût peut-être rougi.

Puis, comme la corruption de ce qui est meilleur est la pire de toutes, les âmes ensevelies sous les sens passent de l'état bestial à ce qu'on pourrait appeler l'état légumineux : respirer, dormir, se nourrir, telle est la fonction des plantes, telle est aussi la fonction par excellence des sociétés qui, répudiant la loi du progrès, veulent se priver de l'union avec Dieu. Bien plus, la pente rapide du mouvement rétrograde les conduit peu à peu à un état voisin de la pétrification. Vous avez vu quelquefois une pierre tumulaire jetée sur un cercueil ; le cercueil est creux, et ne contient que des ossements, il est silencieux ; la pierre parle seule par son inscription funéraire. Ainsi en est-il de la dernière catastrophe des hommes, qui estiment servir le progrès, en se passant de Dieu. Ils ont encore de la vie les apparences, et ils portent en eux la réalité de la mort ; sur leur physionomie défigurée, on lit déjà cette épitaphe décevante : Ci-gît, non pas un homme, mais un cadavre. L'homme sans Dieu, c'est Barnave, défié par Mirabeau de le faire monter jusqu'à lui. O Barnave, s'écriait le fougueux orateur de la Révolution française, Barnave, Barnave, je ne te crains pas, car il n'y a pas de Dieu en toi ! C'est bien là, le défi des mondes inférieurs à l'homme qui ne se met pas avec Dieu pour les faire marcher en avant.

# VII

L'homme doit donc monter ; mais où ira-t-il, ô mon Dieu, si ce n'est à vous, puisque toujours c'est à l'échelon supérieur que doit tendre, s'il veut grandir, l'être qui occupe l'échelon inférieur ?

Ici, les libres penseurs m'arrêtent, au nom des hallucinations mystiques, qui n'ont pas droit de cité dans la saine philosophie. Ils me demandent comment cette union de l'homme à Dieu peut s'opérer. Mon intention est aussi de leur parler le langage précis de la philosophie.

Je suis de ceux qui veulent le progrès dans toute son ampleur, et je ne saurais souffrir que le naturalisme contemporain rapetissât l'homme à de pitoyables proportions. L'homme ne doit pas s'arrêter à lui-même et devenir sa propre idole sur le piédestal de sa vanité.

Je veux que dans la plénitude de sa raison, de sa force,

de son amour et de sa liberté, il s'associe, pour centupler la puissance de toutes ces facultés, à une raison, à une force, à un amour, à une liberté que rien ne saurait égaler.

Mais, quoi donc, s'écrient mes adversaires, quoi donc est placé plus haut dans la lumière que la raison humaine? Quoi donc est plus accéléré dans ses élans que la liberté humaine? Où donc se rencontre un amour capable de raviver les aspirations si ardentes de son cœur? Où donc gît la force où peuvent se multiplier et s'accroître les ressorts de son énergie? Et moi de répondre, avec une confiance égale à ma certitude : Le verbe de Dieu, son intelligence substantielle, peut augmenter les clartés de la raison humaine, bien loin de les éteindre, par l'irradiation de son impérissable foyer, comme le soleil dont les premières lueurs ne détruisent pas l'aurore, mais la respectent dans sa pudeur matinale et ne font que rendre plus éblouissant le voile virginal qui la protége. La toute-puissance de Dieu peut attirer à elle l'énergie libre de la volonté, pareille à un géant ramassant un glaive sur un champ de bataille, et lui imprimer, avec des accents plus généreux, une force d'action qui tient de l'infini. L'Amour immense, qui est Dieu, peut couver le cœur de l'homme de ses ailes, et semblable au feu de la fournaise communiquant à la fonte en fusion une chaleur qui la fait tressaillir, envelopper ce cœur de flammes incandescentes pour en faire le brasier de la charité infinie. Dieu, en réalité, accomplit tous les jours cette œuvre transformatrice. Dieu descend en l'homme par sa grâce surnaturelle, et l'attire jusqu'à lui. Dieu fait cela ; et chaque fois qu'il le fait, l'homme chez lequel il opère, ne cesse pas d'être un homme. Il devient simplement un homme surnaturalisé, intelligence illuminée de clartés nouvelles, volonté affermie dans la vertu jusqu'à l'héroïsme, cœur purifié et aimant sans mesure, liberté immuable jusqu'à braver toutes les tyrannies et à les vaincre, il devient un homme parvenu à la quatrième et dernière étape du progrès possible à la créature, un chrétien.

« Arrivé là au comble du mystère, » s'écrie le roi des orateurs chrétiens de notre temps,[1] « je suis comme un homme
« qui a gravi longtemps une montagne haute et escarpée,
« et qui, enfin, debout sur un roc solitaire, regarde à ses
« pieds le chemin qu'il a parcouru et l'abîme qui le ceint
« de toutes parts. La tête me tourne. Je me demande, si ce
« que j'ai dit n'est pas un rêve de ma pensée, si la vertu
« existe sur la terre, si réellement le cœur de l'homme est
« capable d'une prudence qui embrasse les intérêts de l'humanité, d'une justice qui rende à chacun ce qui lui est dû
« dans l'ordre des biens sensibles et des biens de l'âme,
« d'une tempérance qui assujétisse le corps à la loi de l'esprit, d'une force qui aille à donner sa vie pour le droit
« et la vérité. Je me demande, s'il y a des hommes qui

---

[1] LACORDAIRE ; 4me *Conférence de Toulouse*, page 120.

« cherchent Dieu comme le terme de leur existence passa-
« gère, comme le principe certain de leur félicité et de
« leur perfection. Je me demande, pardessus tout, s'il y a
« des hommes qui aiment Dieu, je ne dis pas comme
« nous aimons les hommes, mais comme nous aimons
« les plus viles créatures, un cheval, un chien, l'air,
« l'eau, la lumière et la chaleur. Je me demande ces
« choses, à moi d'abord, à vous ensuite, et j'attends ma
« réponse et la vôtre avec une terreur qui doit décider de
« ma vie. J'entends des bouches hardies me dire que la
« vertu n'est qu'un nom. J'entends d'un bout à l'autre de
« l'histoire la protestation des sceptiques, le sarcasme des
« égoïstes, le rire des débauchés, la joie des fortunes
« acquises par la sueur et le sang des autres, le cri plaintif
« des cœurs qui n'espèrent plus, et seul, du haut de ces
« raisonnements, qui m'ont conduit à l'idée du vrai, du
« bien, du juste, du saint, le regard sur ce que j'ai appelé
« mon âme et sur ce que j'appelle encore Dieu, j'attends
« une parole qui me précipite ou m'affermisse à jamais.
« Qui est-ce qui me la dira?

« C'est moi qui vous la dirai. Vous cherchez l'homme
« juste, l'homme fort, l'homme saint, l'homme qui aime
« Dieu : je le connais, et je vais vous dire son nom.

« Il y a dix-huit siècles, Néron régnait sur le monde.
« Héritier des crimes qui l'avaient précédé sur le trône, il

« avait à cœur de les surpasser, et de se faire par eux dans
« la mémoire de Rome, un nom qu'aucun de ses successeurs
« ne pourrait plus égaler. Il y avait réussi. Un jour, on lui
« amena dans son palais un homme qui portait des chaînes
« et qu'il avait désiré voir. Cet homme était étranger ; Rome
« ne l'avait pas nourri, et la Grèce ignorait son berceau.
« Cependant, interrogé par l'Empereur, il répondit comme
« un Romain, mais comme un Romain d'une autre race que
« celle des Fabius et des Scipion, avec une liberté plus
« grave, une simplicité plus haute, je ne sais quoi d'ouvert
« et de profond qui étonna César. En l'entendant, les cour-
« tisans se parlèrent à voix basse, et les débris de la tribune
« aux harangues s'émurent dans le silence du Forum. De-
« puis, les chaînes de cet homme se sont brisées ; il a par-
« couru le monde. Athènes l'a reçu, et a convoqué, pour
« l'entretenir, les restes du Portique et de l'Académie ;
« l'Égypte l'a vu passer au pied des temples, où il dédai-
« gnait de consulter la Sagesse ; l'Orient l'a connu, et toutes
« les mers l'ont porté. Il est venu s'asseoir sur les grèves de
« l'Armorique, après avoir erré dans les forêts de la Gaule,
« et les rivages de la Grande-Bretagne l'ont accueilli comme
« un hôte qu'ils attendaient. Quand les vaisseaux de l'Oc-
« cident, las des barrières de l'Atlantique, s'ouvrirent de
« nouvelles routes vers des mondes nouveaux, il s'y élança
« aussi vite qu'eux, comme si nulle terre, nul fleuve, nulle
« montagne, nul désert n'eût dû échapper à l'ardeur de sa

« course et à l'empire de sa parole : car il parlait, et la
« même liberté qu'il avait déployée en face du Capitole
« asservi, il la déployait en face de l'univers.

« Voyageur à mon tour au mystère de la vie, j'ai ren-
« contré cet homme. Il portait à son front les cicatrices du
« martyre ; mais, ni le sang versé, ni le cours des siècles ne
« lui avaient ôté la jeunesse du corps et la virginité de l'âme.
« Je l'ai vu, je l'ai aimé. Il m'a parlé de la vertu, et j'ai cru
« à la sienne. Il m'a parlé de Dieu, et j'ai cru à sa parole.
« Son souffle versait en moi la lumière, la paix, l'affection,
« l'honneur, je ne sais quelles prémices d'immortalité, qui
« me détachaient de moi-même ; et, enfin, je connus en
« aimant cet homme, qu'on pouvait aimer Dieu, et qu'il
« était aimé en effet. Je tendis la main à mon bienfaiteur, et
« je lui demandai son nom. Il me répondit comme il l'avait
« fait à César : Je suis chrétien. »

# VIII


Entrevu à ces hauteurs qui forment sa vraie patrie morale, le chrétien doit-il être répudié par le peuple comme le représentant de ses graves intérêts ?

Est-ce qu'au contraire, il ne mérite pas toute sa confiance ?


Qui donc, mieux que lui, défendra ses chères et légitimes libertés, lui qui en porte chaque jour la vraie notion dans sa grande âme ? Qui donc fera respecter, mieux que lui, cette égalité raisonnable, qui, sans briser l'harmonie sociale fondée sur la diversité des génies, des mœurs et des travaux, proclame que, devant Dieu et ses semblables, tout homme, par cela seul qu'il est homme, vaut un autre homme ? Qui donc, mieux que lui, organisera la réelle

fraternité des âmes, dont il possède le secrèt et le principe :
Dieu en chacun, et tous un en Dieu?

Le chrétien, uni à Dieu par Jésus-Christ, porte en lui,
comme source primordiale de ses actes, une vie surnaturelle qui n'est autre chose, au point de vue pratique, que
l'ensemble des mouvements de la vie même de Dieu. C'est
un autre Christ, passant de nouveau, au milieu de tout ce qui
subsiste et de tout ce qui s'en va, pour faire le bien. Il n'a
rien de commun avec les vils usurpateurs de son nom, que
le bon sens populaire flagelle avec justice de l'épithète
méritée de tartufe. Il accepte de la religion ce qui vraiment
lui appartient, son organisation hiérarchique, sa discipline
liturgique, son action sacramentelle; mais il rejette loin de
lui les abus, que les passions humaines, en s'infiltrant partout, veulent ériger en loi. Posséder Dieu par Jésus-Christ
pour le donner à l'humanité, dans l'organisation sociale et
politique la plus libérale possible, telle est son ambition.
Il veut l'autorité, et la respecte comme frein intelligent
et modéré de la liberté. Il demande la liberté, mais la
liberté soumise à l'autorité légitime et sanctionnée par le
suffrage universel sans restriction. Il réclame, en pratique, la tolérance religieuse fille de la charité et du respect
de la bonne foi d'autrui, la liberté de conscience et la
liberté des cultes issues des mêmes principes, la liberté
de l'enseignement qui jaillit du droit sacré de tous à l'ac-
quisition du vrai, la liberté de la presse nécessitée par

la coopération de chacun au gouvernement de la société ; il souhaite l'Église libre dans l'État libre ; il tend à l'universel ·affranchissement des âmes apporté au monde par Jésus-Christ dans un germe déjà glorieux, dont l'évolution appartient à tous ceux qui sont de sa race.

———

# IX

Mais, me répondra-t-on, est-ce que la libre pensée n'a point, parmi ses adeptes, d'honnêtes hommes qui cherchent à conquérir toutes les libertés civiles et politiques que vous venez de nommer, et cela aux dépens de leur fortune, de leur santé et de leurs incessants labeurs? J'en conviens; les efforts sont généreux et intelligents, même dans le camp que je semble exclure plutôt que je ne le combats. Seulement, il faut y prendre garde; toutes les lumières et tous les dévouements qui en émanent jaillissent du sein même de l'Évangile, code de la législation universelle des chrétiens, et c'est aux chrétiens qu'en revient l'honneur.

Ah! l'honnête homme se rencontre heureusement partout, et je me hâte de le saluer avec vénération partout où je le trouve. Son cœur dit quelque part Lacordaire, n'a jamais conçu l'injustice, sa main ne l'a jamais exécutée. Il est fidèle observateur de sa parole, sûr dans ses amitiés, sincère et ferme dans ses convictions, à l'épreuve du temps qui veut tout entraîner dans ses changements, également éloigné de l'obstination dans l'erreur et de la mobilité honteuse de l'inconstance. C'est bien là l'honnête homme, et il mérite de tous l'approbation et le respect; car l'honnêteté est au front de la virilité ce que la pureté est au front de l'adolescence, la plus belle couronne de la vie.

Si donc je veux non-seulement d'honnêtes hommes, mais d'honnêtes hommes chrétiens, pour dignement représenter le peuple dans sa vie politique, c'est que, avant tout, honnête homme, le chrétien est placé au point culminant du véritable progrès.

Le chrétien seul, d'ailleurs, possède la grande source de la paix universelle, sans laquelle toutes les œuvres de l'avenir sont réduites à néant. La paix dérive de l'union ou de la fusion des individus et des peuples; et l'union exige, pour exister, un principe d'unification. Ce principe, où la libre pensée ira-t-elle le chercher? Le demandera-t-elle aux lois, aux institutions publiques? Mais nous savons, après l'expérience de tant de révolutions, ce que peuvent les institutions et les lois pour établir la fraternité ! Le demandera-t-elle aux grands hommes suscités par Dieu tout le long des âges pour aider au renouvellement du genre humain? Mais où sont les œuvres des grands hommes? Ils fondent une société qui s'étend à quelques centaines de lieues, et trente années à peine en voient le commencement et la fin. Le demandera-t-elle au triomphe de la matière sur l'esprit ? mais elle n'aboutira qu'à des saturnales, et le peuple, par elle, ira aux gémonies. Le demandera-t-elle à la libre carrière donnée à toutes les licences sans aucun frein ? Mais trop tôt la tourmente des foules en délire lui apprendra qu'elle n'a caressé qu'une criminelle utopie !

Pour fondre les hommes dans l'union et créer la paix, il faut un principe unificateur plus élevé qu'eux-mêmes, parce que toujours le trait-d'union doit être supérieur aux êtres qu'il aggrége, pour les soutenir malgré eux dans un même embrassement. Le corps de l'homme en offre une éclatante image : le corps est composé de membres divers, distincts entre eux par leurs fonctions et leurs mouvements, et tous ces membres ne font qu'un seul corps. Il semble à certains esprits superficiels que cette unité vient de ce que les membres sont physiquement rapprochés. Qu'ils se détrompent ! Le rapprochement produit la juxta-position et non pas l'unité. Ce qui fait l'unité du corps, c'est l'âme, substance éminemment simple qui pénètre nos membres jusqu'à leurs plus lointaines extrémités et se glisse au cœur de chaque atôme même imperceptible. Ainsi en est-il pour les chrétiens. Unis à Dieu par Jésus-Christ, le Verbe de Dieu, ils ne font plus qu'un seul corps en son Esprit, et tant que les peuples et les individus n'accepteront pas ce principe d'unification, ils flotteront épars dans les incertitudes d'une paix peu durable et les chances horribles d'une guerre à outrance et sans issue.

Le chrétien seul a la révélation dans toute son étendue de ce mot légué par le Christ à tous les habitants de l'espace, à tous les vivants de l'intelligence dans le temps : Frères ! Aujourd'hui, dès qu'il est prononcé comme la première fois qu'il tomba de ses lèvres, le paganisme disparaît, il n'y a plus ni juifs, ni gentils, ni esclaves, ni maîtres, les hommes sont tous une seule âme dans le Christ Jésus !

O vous donc, mes contemporains, allez aux chrétiens si vous voulez monter, grandir et réaliser la loi du progrès, si riche en résultats heureux pour votre présent et pour votre avenir !

# X

L'ascension qui vous achemine vers toutes les élévations doit suivre la marche de toutes celles qui l'ont précédée. Ce n'est pas l'homme, être inférieur, qui s'assimile Dieu ; c'est Dieu, être supérieur, qui s'assimile l'homme. Ne criez pas trop vite au panthéisme. Réfléchissez que la nature et la personnalité humaines restent, dans cette transformation intactes, comme la nature et la personnalité divines. Dieu, par Jésus-Christ, en s'incarnant dans notre race, a rencontré la création à son point central, là où, dans son ineffable baiser, le monde matériel ne fait plus qu'un avec le monde spirituel ; et par l'humanité, il entraîne ce double hémisphère jusqu'au sommet de la perfection la plus achevée qui se puisse concevoir.

Telle est la vraie religion intervenant dans toutes les sphères de l'activité humaine, pour tout transformer. Tout le reste n'est qu'un ensemble de rouages secondaires, de moyens pour arriver à ce terme suprême. Discutez sur le plus ou moins d'intégrité extérieure du mécanisme, vous ne viendrez pas à bout de ruiner l'œuvre. Qu'importe, en effet, au statuaire qu'autour du moule où le métal coule malléable au gré des inspirations de son génie, quelques instruments se brisent, quelques ouvriers se rencontrent ineptes et maladroits ? L'idéal qu'il porte en son âme n'en sortira ni moins pur ni moins surhumain. Tout ce qui concourt à sa reproduction disparaît dans un lointain indigne de son regard ravi à juste titre de la beauté de son œuvre.

# XI

Croyez-moi donc, chers aveugles de l'âge présent, laissez se dessiller vos paupières. Vous êtes libres de jeter dans la fournaise, où toutes les gloires de l'avenir sont en ébullition, les forces vives du capital, du travail et du talent ; le christianisme le proclame et vous en remercie. Vous êtes libres d'abréger l'espace à l'aide de la vapeur, de supprimer la distance par l'électricité, d'organiser si bien la vie du temps que l'homme n'ait plus qu'à se croiser les bras à la surface du globe, indépendant désormais pour les œuvres de la pensée et les œuvres de l'amour.

Mais, ne l'oubliez pas, sans Dieu vous n'aurez jamais qu'un squelette sans âme, et tôt ou tard ce squelette retournera à la poussière d'où il est sorti.

Vous ne devez être que les pionniers de la Providence dans le grand travail de la transfiguration matérielle des créatures. Dieu, sans doute, arriverait à son but sans votre consentement, c'est votre honneur de le lui donner librement. Toutes vos inventions actuelles ne doivent être que des canaux au service de l'esprit. Quand Rome traçait ses grandes voies, par lesquelles elle pensait envoyer éternellement ses fières légions porter des ordres à l'univers, elle ne faisait que multiplier des passages pour l'apostolat universel de la vérité. Ainsi devez-vous faire, par l'intermédiaire de représentants chrétiens : attirer à vous, en les honorant, toutes les richesses des créatures inférieures et les élever jusqu'à la grandeur de la vie humaine; hausser la vie humaine jusqu'à Jésus-Christ, qui la fera passer en Dieu.

La loi du progrès par l'ascension est comme une immense échelle dont la base est sur terre et dont le faîte est dans les cieux. Entendez l'appel d'un cœur qui aime le peuple et qui veut l'aider par un dévouement qui ne sait pas marchander. Et puisque les poètes sont les prophètes de l'humanité, permettez-moi d'emprunter la voix sublime de l'un de nos grands poètes contemporains, pour vous redire une dernière fois, de monter en haut pour marcher en avant !

> Plus haut, dans le mépris des faux biens qu'on adore !
> Plus haut, dans les combats dont le Ciel est l'enjeu !
> Plus haut, dans vos amours, montez, montez encore
> Sur cette échelle d'or qui va se perdre en Dieu !

Agen, Imprimerie de Prosper Noubel.